47
돌아온 이아손과 아르고 원정대

주니어RHK

신화의 가치

신화는 한 민족의 기원이나 역사적 · 종교적 · 문화적 삶의 모습을 보여 주는 옛이야기입니다. 주로 신과 영웅에 관한 이야기가 많고, 오랫동안 입에서 입으로 전해 내려왔다는 특징이 있지요.

우리가 살펴볼 그리스 로마 신화는 고대 그리스와 로마에 전해 오는 신화와 전설을 한데 묶은 것입니다. 그리스 로마 신화는 고대의 삶을 엿보게 해 주는 문화유산일 뿐만 아니라, 세계 여러 나라의 문학과 미술에 큰 영향을 끼쳤습니다. 하지만 문화적 가치만큼이나 중요한 것이 또 있습니다. 오래된 옛이야기이면서도 거기에 담긴 교훈적 가치가 오늘날에도 여전히 쓸모 있고 중요하다는 사실입니다.

놀랍지 않나요? 수천 년 전의 이야기가 어떻게 과학 문명이 고도로 발달한 오늘날에도 통하는 것일까요? 그것은 바로 그리스 로마 신화에 나오는 신과 영웅의 모습이 오늘날 우리의 모습과 다르지 않기 때문입니다. 신들도 우리처럼 분노하고, 질투하고, 실수를 하지요. 그런 모습을 보면서 우리는 깔깔 웃거나 눈물을 흘리고, 교훈과 감동을 얻습니다. 우리가 그리스 로마 신화를 읽어야 하는 까닭이 바로 이것입니다.

신화의 세계로 떠날 여러분에게 한마디 덧붙이자면, 신화는 우리에게 끝없는 상상력을 요구한다는 점입니다. 신화 속에는 수많은 은유와 상징이 곳곳에 널려 있지요. 따라서 신화를 읽을 때에는 상상력을 최대한 발휘하여 신화 속에 숨겨진 의미를 찾고, 그것을 자기 나름대로 재해석하는 과정이 필요합니다. 이렇게 읽었을 때에야 비로소 여러분 앞에 놀라운 삶의 이야기가 펼쳐질 것입니다.

자, 그럼 흥미진진한 신화의 세계 속으로 함께 떠나 볼까요?

황금 양털을 찾으러 콜키스에 온 이아손은

메데이아의 도움을 받고

황소와의 싸움에 나섭니다.

아이에테스 왕이 시킨 두 가지 일을 해내야만

황금 양털을 얻을 수 있습니다.

이아손과 아르고 원정대원은 목적을 이룰 수 있을까요?

주요 등장인물

⚜ 압시르토스 ⚜

아이에테스 왕이 아끼는 아들이자 메데이아의 남동생이에요. 호기심이 많지만 어리고 약해요.

⚜ 오르페우스 ⚜

아르고 원정대원으로 노래와 리라 연주 실력이 뛰어나요.

⚜ 아이에테스 왕 ⚜

콜키스의 왕이에요. 이아손이 황금 양털을 가져가지 못하게 방해해요.

⚜ 메데이아 ⚜

콜키스의 공주로 이아손에게 반해 그를 도와주어요. 아름답지만 잔인하며, 하고자 하는 것은 꼭 하고 마는 성격을 가졌어요.

⚜ 이아손 ⚜

이올코스의 왕자로 왕위를 돌려받기 위해 아르고 원정대를 이끌고 황금 양털을 찾으러 떠나요. 콜키스의 공주 메데이아의 도움을 받아요.

1
이아손과 황소의 대결

"이아손이 보이지 않아. 불에 타 버린 걸까?"

아르고 원정대는 가슴을 졸였습니다.

다른 사람들도 숨을 죽이고 지켜보았습니다.

황소의 뿔에 받혀 툭 떨어진 이아손이 벌떡 일어났습니다.

"휴우……."

지켜보던 사람들은 가슴을 쓸어내렸습니다.

이아손은 방패를 단단히 쥐었습니다. 황소 두 마리가 다시 무서운 기세로 덤벼들었습니다. 단단한 뿔로 찌를 듯이 달려오면서 입으로는 시뻘건 불길을 내뿜었습니다.

이아손은 방패로 황소를 막으려 했지만, 불길은 차마 막지 못했습니다. 뜨거운 불꽃이 이아손의 몸을 휘감으며 활활 타올랐습니다.

“이아손이 보이지 않아. 불에 타 버린 걸까?”

아르고 원정대는 가슴을 졸였습니다. 다른 사람들도 숨을 죽이고 지켜보았습니다. 이아손에게 마법의 약을 준 메데이아조차 손에 땀을 쥐고 가슴을 졸였습니다.

그 순간 불길 속에서 팔이 뻗어 나오더니 이아손이 몸을 일으켰습니다. 이아손은 이글거리는 불길과 자욱한 연기 속에서 아무렇지도 않은 듯 일어났습니다.

"저길 봐! 이아손이다."

사람들은 깜짝 놀랐습니다. 불길에 휩싸였으면서도 머리카락 한 올 그을리지 않았습니다.

"이럴 수가! 이아손은 멀쩡해. 불에 데지 않았나 봐!"

"말도 안 돼."

메데이아가 바르라고 준 약이 이아손을 지켜 주었던 것입니다. 아이에테스 왕과 구경하던 사람들의 입이 쩍 벌어졌습니다. 불길을 내뿜던 황소조차 놀란 기색이었습니다.

이아손은 때를 놓치지 않고 황소의 뿔을 잡아당기며 황소의 다리를 걷어찼습니다. 황소 두 마리는 땅바닥에 쓰러져 끙끙댔습니다. 이아손은 황소들의 목을 꽉 누르고는 멍에를 씌웠습니다.

"자, 이제 밭을 갈아야지."

이아손은 타이르듯 말하면서 황소들의 목에 *봇줄을 채우고 쟁기를 일으켜 세웠습니다. 황소들은 불을 토하며 버텼지만, 이아손이 창으로 찌를 듯이 잡아끌자 어쩔 수 없이 쟁기를 끌었습니다.

*봇줄 말이나 소에 쟁기 따위를 매는 줄.

황소가 이끄는 거대한 쟁기가 땅을 깊이 파헤치며 흙덩이를 부수었습니다. 황소들의 콧구멍에서는 불길이 나와 잡초를 태웠습니다.

그리스의 가축

그리스에서 가장 흔한 가축은 양과 염소였어요. 고기와 젖과 털가죽을 얻기 위해 마을 밖 메마른 땅에 풀어 놓고 길렀지요. 젖으로는 치즈를 만들고, 털로는 옷감을 짰으며, 가죽으로는 겨울에 입을 옷을 만들었답니다. 그 밖에 돼지와 닭도 기르고 벌도 쳤어요. 황소는 땅을 일구어 논과 밭을 만드는 데 많이 이용했어요.

얼마 지나지 않아 황소들이 밭을 다 갈았습니다. 그래도 지치지 않은 황소들은 이아손이 멍에를 풀어 주자마자 들판으로 도망쳤습니다.

아이에테스 왕은 입술을 깨물었습니다.

'황소를 이기다니 대단한 녀석이로군!'

이아손은 의기양양한 얼굴로 왕 앞에 섰습니다.

아이에테스가 말했습니다.

"하지만 아직 두 번째 조건이 남아 있다. 그것은 더 어려울 것이다."

2

이아손과 무사들의 대결

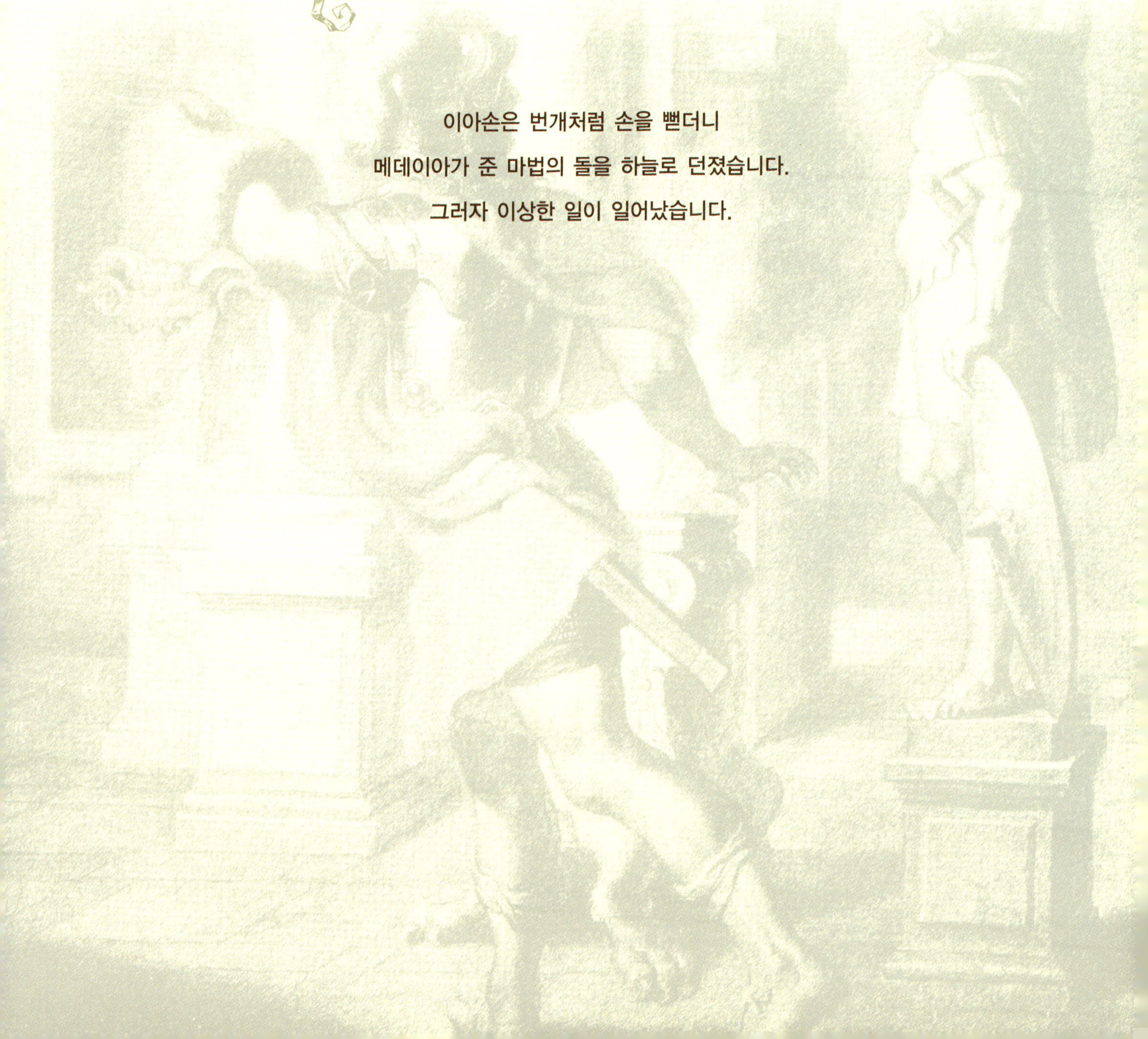

이아손은 번개처럼 손을 뻗더니

메데이아가 준 마법의 돌을 하늘로 던졌습니다.

그러자 이상한 일이 일어났습니다.

이아손은 자신만만한 얼굴로 밭에 섰습니다. 허리춤에서 보자기로 싼 용의 이빨을 꺼내더니 골고루 뿌렸습니다. 그러고는 한쪽으로 비켜섰습니다.

용의 이빨이 흙 속으로 녹아 들어가자, 잠시 후 그 자리에서 흙먼지가 피어올랐습니다. 그러더니 흙이 꿈틀꿈틀 움직이는 것이었습니다. 구경꾼들은 숨을 죽이고 지켜보았습니다.

용의 이빨을 뿌린 자리에서는 싹이 나듯 무언가가 쑥쑥 솟아

올랐습니다. 그것들은 점차 사람의 모습을 띠었습니다. 싸울 준비를 갖춘 무사의 모습이었습니다. 무사들은 몸을 흔들어 흙을 털고는 이아손 앞에 줄지어 섰습니다.

그러더니 창과 칼을 이아손에게 겨누었습니다.

“저것 좀 봐! 용의 이빨에서 무사들이 태어났어!”

“말로만 듣던 용의 이빨이 정말 무사들이라니……. 이제 이아손은 죽은 목숨이야!”

아르고 원정대원들은 다시 마음을 졸였습니다. 메데이아의 얼굴도 하얗게 질렸습니다. 아이에테스 왕은 움찔 놀라며 몇 발자국 뒤로 물러섰습니다.

하지만 무사들 앞에 있는 이아손은 태연했습니다.

무사들은 이아손을 향해 한 발 한 발 다가오더니, 빙 둘러 에워쌌습니다. 그러고는 커다란 소리를 지르며 이아손을 *위협했습니다.

"어디 한번 싸워 볼까!"

이아손은 창을 잡은 손에 힘을 주었습니다.

*위협 힘으로 으르고 협박함.

이아손을 에워싼 무사들이 공격을 시작했습니다. 그들은 창과 칼을 휘두르며 달려들었습니다.

그때 이아손이 번개처럼 손을 뻗더니 메데이아가 준 마법의 돌을 하늘로 던졌습니다. 그러자 이상한 일이

일어났습니다. 무사들은 이아손에게서 칼과 창을 거두고는 서로 맞붙어 싸웠습니다.

"저, 저 무사들이 왜 저러는가?"

아이에테스 왕은 당황스러웠습니다.

무사들은 서로 찌르고 찔리고 하더니 하나 둘씩 쓰러졌습니다. 이제 무사 하나만이 남았습니다.

이아손은 칼을 빼 들어 마지막 남은 무사를 찔렀습니다. 마지막 무사가 쓰러지자, 쓰러져 있던 무사들이 다 함께 흙 속으로 빨려 들어갔습니다.

"우아! 이아손 만세!"

사람들이 한꺼번에 손뼉을 쳤습니다. 아르고 원정대원들은 서로를 얼싸안았습니다.

"왕이시여! 두 번째 조건도 *완수했습니다. 이제 황금 양털을 주시겠습니까?"

이아손이 우렁찬 목소리로 말했습니다.

"약속은 지켜야지. 내일 배가 출발하기 전에 주겠다. 오늘은 피곤할 테니 그만 쉬어라."

*완수하다 뜻한 바를 완전히 이루거나 다 해내다.

3
황금 양털을 구한 이아손

커다란 나무의 높은 가지에
황금 양털이 걸려 있었습니다. 거기서 나온 황금빛이
어둠 속에서 은은한 빛을 내고 있었습니다.

왕궁으로 돌아온 아이에테스 왕은 얼굴이 붉으락푸르락했습니다. 황금 양털을 내줘야 한다고 생각하니 화가 치밀었습니다.

아이에테스 왕은 누가 이아손을 도왔을까 생각해 보았습니다. 결코 이아손의 힘만으로는 두 가지 조건을 해결할 수 없는 노릇이었습니다. 하지만 당장 알아낼 수는 없었습니다.

"황금 양털은 우리 보물이야.

절대 내줄 수 없어.”

아이에테스 왕은 고개를 흔들더니 부하에게 명령했습니다.

“오늘밤 병사들을 데리고 가서 아르고 호에 불을 질러라. 아무도 돌아가지 못하게 해야 한다.”

그런데 문밖에서 이 말을 엿듣는 이가 있었습니다. 바로 메데이아였습니다.

‘이럴 수가! 아르고 원정대를 죽이려 하시다니!’

메데이아가 방에서 이아손을 도울 방법을 생각하고 있는데, 어린 동생 압시르토스가 들어왔습니다.

"누나, 이아손은 어떻게 됐어? 이겼어?"

압시르토스는 모험을 꿈꾸는 소년이었습니다. 그래서 먼 곳에서 큰 배를 타고 온 이아손을 우러러봤습니다.

"그래, 이아손이 이겼단다."

"와! 나도 이아손처럼 모험을 떠나고 싶어."

동생을 바라보던 메데이아의 얼굴이 밝아졌습니다.

"누나가 너의 소원을 들어줄게. 아르고 원정대를 만나러 가자. 너를 끼워 달라고 해 볼게."

메데이아의 말에 압시르토스는 신이 나서 메데이아를 따라나섰습니다.

아르고 호는 잔치 분위기였습니다. 동료들은 이아손을 칭송했습니다. 오랜 시간 함께 위험을 겪으며 여기까지 온 그들은 형제와도 같았습니다. 모두 흥겹게 먹고 마시며 이야기를 나누었습니다.

그곳에 메데이아가 동생을 데리고 나타났습니다.

"이아손과 할 이야기가 있어요. 이 아이는 제 동생인데, 모험을 하는 게 꿈이에요. 데려가 주실래요?"

이아손은 고개를 끄덕였습니다.

압시르토스가 배를 구경하는 사이, 메데이아는 얼른 이아손에게 말했습니다.

"아버지가 배를 불태우려고 해요. 물론 황금 양털도 내놓지 않을 거예요. 어서 황금 양털을 찾아 떠나야 해요."

이아손과 대원들은 깜짝 놀랐습니다.

"저도 아버지한테서 도망쳐야 해요. 아버지는 제가 당신을 도운 것을 곧 알게 될 거예요. 그러니 저를 데려간다는 약속을 지키세요. 낯선 나라에 도착하더라도 저를 보호해 주셔야 해요."

이아손은 메데이아의 손을 붙잡았습니다.

"메데이아, 걱정 마시오. 이올코스로 돌아가면 당신을 아내로 맞이하겠소."

이아손이 말을 마치자 메데이아의 눈에 눈물이 그렁그렁 맺혔습니다.

"먼저 숲으로 들어갈 준비를 하세요. 제가 어떻게든 황금 양털을 찾아 드릴게요. 오르페우스 님이 함께 가셔야겠어요. 리라를 가지고요."

이아손과 오르페우스는 재빨리 준비를 갖추었습니다.

세 사람은 배에서 내려 숲 속으로 들어갔습니다. 한참을 들어가니 어디선가 밝은 황금빛이 흘러나왔습니다.

"저기 황금 양털이 있군요."

메데이아가 손을 들어 가리켰습니다.

커다란 나무의 높은 가지에 황금 양털이 걸려 있었습니다. 거기서 나온 황금빛이 어둠 속에서 은은한 빛을 내고 있었습니다.

나무 아래에는 듣던 대로 무시무시한 용이 버티고 있었습니다.

용은 무시무시한 두 눈을
번쩍이며 주변을
살폈습니다.
입에서는 붉은
혀가 쉴 새 없이
날름거렸습니다.

"저 괴물을 어떻게 하지?"

이아손도 용을 보자 눈앞이 캄캄해졌습니다.

"잠들었을 때 살짝 가져올까?"

오르페우스가 물었습니다.

"저 용은 여간해선 잠들지 않는 괴물이에요."

메데이아가 말했습니다.

"그럼, 진짜 큰일이군."

이아손의 얼굴이 굳어졌습니다.

"그래서 오르페우스 님의 리라가 필요해요. 오르페우스 님은 모두를 잠들게 하는 연주를 할 수 있잖아요. 저 용을 잠재워 주세요. 우린 귀를 막고 있을게요."

메데이아는 주머니에서 초를 꺼내 자신과 이아손의 귀를 막았습니다. 오르페우스는 리라를 들었습니다.

곧이어 오르페우스의 리라에서 아름다운 소리가 흘러나왔습니다. 모든 생물이 귀를 기울이다 잠들 만큼 편안한 소리였습니다. 용은 고개를 갸웃하더니 두리번거렸습니다. 리라 소리를 들은 모양이었습니다. 잠시 후 용의 눈꺼풀이 스르르 감겼습니다. 용은 곧 깊은 잠에 빠졌습니다.

"지금이에요. 어서 황금 양털을 가져오세요."

이아손은 용의 몸을 건드리지 않으려고 조심하면서 나무 위로 올라갔습니다. 드디어 가지에 걸린 황금 양털을 손에 넣고 돌아왔습니다.

"어서 서두르세요. 아버지가 아르고 호를 불태우기 전에 출발해야 해요."

세 사람은 다시 아르고 호를 향해 달려갔습니다.

황금 양털을 구한 이아손

〈황금 양털을 가지고 오는 이아손〉 에라스무스 켈리누스

이아손이 팔에 황금 양털을 걸치고 다급하게 걷고 있어요. 갖은 고생 끝에 황금 양털을 손에 넣었으니 얼마나 기뻤을까요? 그보다도 어서 아르고 호를 구해야겠다는 생각에 마음이 무척 급했을 거예요.

세 사람이 나타나자 아르고 원정대원들은 함성을 질렀습니다.

"좋아하고 있을 수만은 없어. 콜키스 병사들이 오고 있다네. 어서 떠나세."

대원들은 힘껏 노를 저어 바다로 나갔습니다.

콜키스 병사들은 떠나는 아르고 호를 보며 발을 굴렀습니다. 그들은 서둘러 배를 타고 뒤쫓기 시작했습니다. 아이에테스 왕이 직접 배를 지휘했습니다.

4
이올코스를 향하여

아이에테스 왕은 메데이아와 압시르토스를 보고
깜짝 놀랐습니다. 사랑하는 딸과 아들이
아르고 호에 타고 있을 줄은 꿈에도 몰랐습니다.

아이에테스 왕의 배는 아르고 호 바로 뒤까지 쫓아왔습니다. 메데이아는 압시르토스를 데리고 배꼬리로 갔습니다. 아버지에게 자신과 동생이 아르고 호에 타고 있다는 것을 보여 주기 위해서였습니다.

왕은 메데이아와 압시르토스를 보고 깜짝 놀랐습니다. 사랑하는 딸과 아들이 아르고 호에 타고 있을 줄은 꿈에도 몰랐습니다.

압시르토스도 아버지의 배를 보고 놀라 물었습니다.

"누나, 어떻게 된 거야? 왜 아버지가 우리를 쫓아오지? 아르고 호는 왜 도망치고?"

메데이아는 대답 없이 동생을 바라보았습니다. 그러더니 잠시 후 굳은 결심을 한 얼굴로, 압시르토스를 바다로 밀어 버렸습니다.

잔인한 메데이아

〈황금 양털〉 허버트 제임스 드레이퍼

메데이아는 아버지 아이에테스 왕이 아르고 호를 쫓아올 것을 알고 있었어요. 그래서 남동생 압시르토스를 인질 삼아 배에 태운 것이지요. 매달리는 동생을 바다로 떠미는 메데이아의 모습이 무척 잔인해 보여요.

이를 본 아이에테스 왕은 심장이 멎는 것 같았습니다.

"배를 멈춰라! 내 아들을 구하라! 내 아들을 빨리 건져라!"

왕이 소리치자, 배가 속력을 늦추었습니다. 바다에 빠진 왕자를 찾는다고 어수선한 사이, 아르고 호는 멀리 달아났습니다.

아르고 원정대는 *추격에서 벗어났지만, 메데이아가 두려워졌습니다. 이아손도 메데이아가 낯설게 느껴졌습니다.

*추격 뒤쫓아 가며 공격함.

“메데이아, 왜 그런 짓을 한 거요?”

“어쩔 수 없었어요. 그러지 않았다면 콜키스의 배가 우리를 따라잡았을 거예요. 당신을 위해서라면 난 무엇이든 할 수 있어요.”

메데이아의 얼굴은 얼음처럼 차가웠습니다.

아르고 호는 바람을 받으며 콜키스로부터 점점 멀어졌습니다.

올림포스에서 이 광경을 본 제우스는 노했습니다. 제우스는 번개와 천둥을 보내고, 폭우를 쏟아부었습니다. 아르고 호는 바다에서 며칠 밤낮을 떠돌아야 했습니다.

그러자 나무로 만든 뱃머리가 충고했습니다.

"마녀 키르케가 너희 죄를 씻어 줄 것이다. 그래야 제우스 신의 노여움에서 벗어날 수 있을 것이야."

아르고 호는 키르케가 사는 섬에 멈추었습니다. 이아손은 가기 싫어하는 메데이아를 이끌고 키르케를 찾아갔습니다. 키르케는 두 사람을 보자마자 두 사람이 무엇을 원하는지 알아차렸습니다. 그러더니 달콤한 설탕 과자를 제물로 바치고, 제우스 신에게 용서를 비는 제사를 지내 주었습니다.

"메데이아. 니는 나의 친척이고 나의 보호를 바라니 너를 괴롭힐 생각은 없다. 하지만 네가 저지른 일과 앞으로 할 일 다 찬성할 수 없으니 어서 떠나거라."

두 사람이 다시 배에 오르자 비로소 폭풍이 잦아들었습니다. 아르고 호는 *돛에 바람을 받으며 나아갔습니다.

아르고 호는 꽃이 활짝 핀 아름다운 섬을 지나가게 되었습니다. 그런데 섬에서 달콤하기 그지없는 노랫소리가 들려왔습니다.

이 섬은 지나가는 뱃사람들을 노래로 유혹해 넋을 빼앗아 잡아먹는다는

*돛 배 바닥에 세운 기둥에 매어 펴 올리고 내리고 할 수 있도록 만든 넓은 천.

세이렌이 모여 사는 섬이었습니다.

대원들은 노랫소리에 빠져들어 배를 섬에 대려고 했습니다. 그러자 오르페우스가 말리며 일어나 리라를 연주했습니다.

오르페우스는 세이렌의 노랫소리가 묻히도록 요란하게 연주했습니다. 그제야 대원들이 하나둘 정신을 차렸습니다.

배는 바람을 받으며 다시 먼 바다로 나아갔습니다.

바다의 마녀 세이렌

세이렌은 반은 여자의 몸이지만 반은 새의 몸을 하고 날카로운 발톱을 가진 바다의 마녀들이에요. 두세 명이 함께 감미로운 목소리로 노래를 불러 항해하는 선원을 유혹해요. 노래에 취한 선원들은 넋이 나가 바다에 몸을 던지는데, 세이렌은 이들을 잡아먹는다고 해요. 아르고 호 대원들은 오르페우스의 연주 덕분에 세이렌의 음악 소리에 홀리지 않았는데, 단 한 사람이 바다에 뛰어들었다고 해요. 하지만 그 대원은 아프로디테가 건져 주어 무사했다고 해요.

세이렌의 섬에서는 벗어났지만 아직도 위험은 남아 있었습니다. 무엇이든 갈기갈기 찢어 버리는 괴물 스킬라와 무엇이든 먹어치우는 괴물 카리브디스를 만난 대원들은 이제 아르고 호의 운명도 마지막이라고 생각했습니다.

그때 바다의 님프 네레이드가 헤라 여신의 부탁을 받아 아르고 호를 탁 트인 바다로 보내 주었습니다. 또 바다의 신도 바람을 보내 밀어 주었습니다.

어느덧 아르고 호는 온갖 위험을 이겨 내고 이올코스로 달려갔습니다.

5
모험의 끝

"펠리아스 숙부님, 황금 양털을 가져왔습니다."

펠리아스는 이아손이 무사히 돌아왔을 뿐 아니라 황금 양털까지 가져오자 몹시 당황했습니다.

어느 날, 돛대 위에서 한 대원이 외쳤습니다.

"이올코스다. 이올코스가 보인다!"

모두 갑판으로 올라와 환호성을 질렀습니다.

"드디어 돌아왔구나!"

아르고 원정대원들은 서로를 얼싸안고 펄쩍펄쩍 뛰었습니다. 바닷바람을 맞으며 저 멀리 땅을 바라보는 그들의 얼굴은 떠나올 때보다 한층 강인해져 있었습니다.

배가 바닷가에 닿았습니다. 대원들은 배에서 내려서 아르고 호를 바라보았습니다. 아르고 호는 저녁노을을 배경으로 위풍당당하게 서 있었습니다.

대원들은 다음에 또 멋진 모험을 하자며 서로의 어깨를 두드리고는 헤어졌습니다.

돌아온 아르고 원정대

〈아르고 원정대의 귀환〉 귀스타브 모로

아르고 원정대가 모험을 마치고 돌아온 모습이에요. 모험의 성공을 알리려는 듯 양 머리가 돛대에 달려 있고 위풍당당한 이아손이 맨 위에 서 있어요. 오른쪽에 앉아 다리에 손을 얹고 있는 여인이 메데이아예요. 아랫부분은 작가가 살아서 작품을 끝내지 못했기 때문에 미완성 상태랍니다.

이아손은 메데이아와 함께 왕궁으로 갔습니다.

"펠리아스 숙부님, 황금 양털을 가져왔습니다."

펠리아스는 이아손이 무사히 돌아왔을 뿐 아니라 황금 양털까지 가져오자 몹시 당황했습니다. 하지만 곧 표정을 바꾸어 반가운 척했습니다.

"오, 정말 대단하구나! 과연 왕위를 이어받을 자격이 있다!"

"어서 왕위를 돌려받고 싶습니다."

이아손이 당당하게 말했습니다.

"그래. 오랜 여정에 지쳤을 테니 며칠 푹 쉬어라. 왕위는 *절차를

*절차 일을 치르는 데 거쳐야 하는 순서나 방법.

밟아 정식으로 물려받도록 하자."

이아손은 펠리아스의 말을 믿고 물러났지만, 메데이아는 속지 않았습니다. 펠리아스가 왕위를 물려주는 일을 *차일피일 미룰 것임을 알아차렸습니다.

*차일피일 이 날 저 날 하고 자꾸 기한을 미루는 모양.

신화 OLYMPUS GUARDIAN 뒷이야기

아르고 원정대가 콜키스를 떠나 이올코스로 돌아오는 과정은 오디세우스의 귀환과 비슷한 부분이 있습니다. 두 영웅은 모두 메데이아의 고모인 키르케를 방문합니다. 키르케는 이아손과 메데이아의 죄를 씻어 압시르토스를 죽인 죄에서 벗어나게 해 줍니다. 오디세우스가 섬에 왔을 때에는 부하들을 돼지로 만들었다가 풀어 주면서 함께 일 년 동안 생활합니다.

두 영웅은 또 세이렌의 섬을 지나갑니다. 아르고 원정대는 오르페우스의 리라 연주로 세이렌의 노래를 눌러 유혹을 피할 수 있었습니다. 오디세우스는 키르케의 충고를 받아들여 선원들의 귀를 막고 자신의 몸을 돛대에 묶어 섬을 통과합니다.

또한 두 영웅 모두 스킬라와 카리브디스가 지키는 바다를 거쳐 갑니다. 아르고 원정대가 아무런 피해 없이 지나간 것과 달리, 오디세우스는 여섯 명의 선원을 잃습니다.

아르고 원정대는 황금 양털을 되찾아 오는 모험에 성공합니다. 하지만 원정대를 이끈 대장 이아손은 헤라클레스나 오디세우스와는 달리 결함 있는 영웅의 모습을 보여 줍니다. 황금 양털을 구하기 위해 메데이아의 도움을 받아야 했으며, 황금 양털을 구하기는 했지만 용을 죽이지는 못했습니다. 모험의 처음부터 끝까지 헤라 여신을 비롯한 신들의 도움이나 다른 원정대원들의 도움을 받습니다. 헤라클레스는 도중에 배에서 내리는데, 이는 어쩌면 이아손과 대장의 자리를 놓고 경쟁할 만한 인물이기에 부득이 이야기에서 빠져야 했는지도 모릅니다.

올림포스 신들의 계보

크로노스 + 레아
하데스
지하 세계의 왕
포세이돈
바다의 신
제우스
신들의 왕
헤라
신들의 여왕,
제우스의 아내
헤스티아
난로·불의 여신
데메테르
대지의 여신
아테나
지혜 · 전쟁의 여신
제우스 + 메티스
아폴론
의술 · 음악의 신
제우스 + 레토
아르테미스
사냥 · 순결의 여신
아스클레피오스
의술의 신
아레스
전쟁의 신
제우스 + 헤라
헤파이스토스
대장간의 신
제우스 + 디오네
아프로디테
헤파이스토스의 아내,
미의 여신
에로스
사랑의 신
헤르메스
신들의 전령,
상업의 신
제우스 + 마이아
디오니소스
술의 신
제우스 + 세멜레
페르세포네
하데스의 아내
지하 세계의 여왕
제우스 + 데메테르

⚜ 그리스 로마 신화 주요 인물의 이름 ⚜

그리스 어	로마 어	영어
가이아	텔루스	
니케	빅토리아	나이키, 빅토리
데메테르	케레스	세레스
디오니소스	바쿠스	바커스
레아	키벨레	시벨레
아레스	마르스	마스
아르테미스	디아나	다이애나
아테나	아테네, 미네르바	
아폴론	아폴로	아폴로
아프로디테	베누스	비너스
에로스	쿠피드, 아모르	큐피드
오디세우스	울릭세스	율리시스
우라노스	카일루스	유러너스
제우스	유피테르	주피터
크로노스	사투르누스	새턴
페르세포네	프로세르피나	
포세이돈	넵투누스	넵튠
하데스	플루톤	플루토
헤라	유노	주노
헤라클레스	헤르쿨레스	허큘리스
헤르메스	메르쿠리우스	머큐리
헤스티아	베스타	
헤파이스토스	불카누스	벌컨

그리스 로마 신화 올림포스 가디언 47

돌아온 이아손과 아르곤 원정대

펴낸이 양원석
펴낸곳 ㈜알에이치코리아
등록 2004년 1월 15일 제2-3726호
주소 서울특별시 금천구 가산디지털2로 53, 20층 (한라시그마밸리)
문의전화 02)6443-8800

ISBN 978-89-255-4401-4(74800)
ISBN 978-89-255-4354-3(세트)

값 **12,800원**

원작 만화로 보는 그리스 로마 신화(가나출판사)
이광진 엮음, 홍은영 그림
명화 구입처 유로크레온(주)

※잘못된 책은 구입하신 곳에서 바꾸어 드립니다.
※책 모서리가 날카로워 다칠 수 있으니 사람을 향해 던지거나 떨어뜨리지 마십시오.

알에이치코리아 홈페이지와 카페, SNS로 들어오시면 자사 도서에 대한 더 많은 정보와 다양한 이벤트 혜택을 확인할 수 있으며, E-book몰에서는 전자북으로도 만나볼 수 있습니다.

주니어RHK 홈페이지 http://jrrhk.com | **E-book몰(RHK북스)** http://ebook.rhk.co.kr | **북카페** http://cafe.naver.com/randomhousekorea
페이스북 https://www.facebook.com/rhk.co.kr | **트위터** @randomhouse_kr | **유튜브** http://www.youtube.com/randomhousekorea